S'

b $3975.$

Extrait du *Bien Public* du 21 novembre 1844.

RÉCAPITULATION

PAR M. DE LAMARTINE.

Le Journal *le Bien Public* a été fondé pour servir d'organe à l'Opposition non *radicale*, mais *sérieuse*, qui surgissait de toutes parts dans le pays à la fin de 1843. Il y a plus d'un an qu'il existe. Récapitulons ses actes, et examinons si les différentes mains qui ont concouru avec dévouement et avec éclat à sa rédaction, l'ont maintenu dans la ligne tracée par la pensée de ses fondateurs.

Mais une œuvre de ce genre n'est point indépendante des circonstances. Voyons dabord celles que nous avons eues à traverser.

La France est révolutionnaire ou elle n'est rien. La Révolution de 89 c'est sa religion politique. Si elle en abdique les dogmes, si elle en fausse les principes, si elle en ajourne indéfiniment les conséquences pratiques, elle se désavoue elle-même, elle n'est plus que la captive de 1815, la grande repentie des nations demandant pardon aux préjugés de les avoir détruits, aux trônes de les avoir abaissés, à l'Europe de l'avoir vaincue. Ce rôle, que l'on n'oserait lui imposer par la force, pourrait-on le lui faire accepter par astuce et par lassitude? Nous ne l'avons pas cru; et si nous nous sommes trompés, nous nous glorifions de notre erreur. Il y a des avilissements dont on est fier de n'avoir pas pu soupçonner son pays.

Cependant, depuis 1834 la Révolution française perdait à la fois des institutions au dedans, des positions au dehors. A la faveur d'une réaction d'ordre nécessaire dans le commencement contre les émeutes sans but et contre les ébranlements continués de la secousse de Juillet, le gouvernement faisait, d'année en année, de session en session, de projet de loi en projet de loi, rétrograder la Révolution de tous ses principes. Cela s'appelait et cela s'appelle encore rentrer dans la monarchie. Comme si on rentrait jamais en reculant dans des institutions traversées! On marchait, et l'on marche évidemment, à un état de choses où de toute la Révolution française, de son génie, de sa gloire, de son sang, il ne resterait plus qu'un seul fait réel, une dynastie changée sur un trône et une représentation étroite et corrompue de la nation. Lois de septembre, loi contre la presse, loi contre le jury, transformation de la pairie en tribunal politique, loi contre les associations, loi de dotation, loi de régence, loi des fortifications de Paris, politique étrangère, tactique intérieure, tout révélait la même pensée. Ce qu'on ne pouvait écraser par le vote des majorités, on l'amortissait par des faveurs vénales. On se vantait d'une corruption comme d'une victoire. On louait une défection comme une vertu. Une apostasie achetée dans le parlement était étalée comme une dépouille opime. La conscience privée était à l'encan. La conscience publique fléchissait devant d'heureux scandales, l'immoralité descendait d'en haut, l'incorruptibilité passait pour *niaiserie* ou pour *faction*. Les mots étaient retournés, et la perversion politique refaisait une langue à l'usage des acheteurs et des achetés. Ce noble commerce s'appelait *habileté* dans les uns, *transaction* dans les autres. Pendant ce temps-là, la coalition sourde des puissances contre la France subsistait, et nous laissions échapper une à une toutes les occasions de rompre en deux l'armée diplomatique de l'Europe. Nous abandonnions l'Espagne, notre seule alliée constitutionnelle, tantôt à l'anarchie, tantôt à la guerre civile, aujourd'hui aux carlistes, demain à la soldatesque, bientôt aux restaurateurs du pouvoir absolu. Nous évacuions Ancône, et nous enlevions notre drapeau d'Italie, de peur qu'il restât une espérance d'indépendance, et qu'il s'exhalât un seul soupir vers la France sur un sol livré à l'Autriche et qui pouvait se volcaniser un jour sous nos pas. Tout cela se faisait avec progression, avec suite, avec ensemble, comme un tissu qu'on déplie peu à peu, et dont on ne voit le dessin que quand il est tout entier déroulé. Ce n'était pas un cabinet et un ministre seulement qui prêtait sa responsabilité à ces actes; c'é- taient tous les cabinets et tous les ministres, ou tous ensemble, ou tour-à-tour, selon le temps et les circonstan- ces. L'un faisait les lois de septembre, abandonnait l'Italie, aliénait la Suisse; l'autre désertait Ancône; un troisième perdait à la fois la Turquie, la Syrie, l'Egypte, agitait un moment l'Europe et se retirait en laissant à ses suc- cesseurs le retentissement du canon de St-Jean-d'Acre et la note du 8 octobre; ils se rejetaient l'un sur l'autre les fautes perpétrées en commun, puis se réconciliaient bien vite pour entraîner le parlement dans des fautes plus graves. Ainsi nous voyons les ministres des deux nuan- ces se réunir pour imposer à la France les *fortifications* de Paris. Ainsi, un an plus tard, les voyons-nous de nou- veau faire trêve à des dissentiments insignifiants pour imposer à la nation la loi d'*abdication du peuple* qu'on appelle la loi de *régence*. Toutes les fois qu'il s'agit de se disputer le pouvoir ministériel, il y a deux partis; toutes les fois qu'il s'agit de dépouiller la nation d'une de ses prérogatives, et de substituer la dynastie à la cons- titution, il n'y en a qu'un contre nous. Les hommes ont deux noms, mais ils n'ont qu'une ame, et sous ces noms différents c'est le même ministère qui pèse sur la liberté et sur la grandeur du pays. A de pa- reils symptômes est-il possible de se tromper si on ne veut l'être? Est-il permis de fermer les yeux et de ne pas connaître une pensée unique et continue, un *système* enfin, tour-à-tour personnifié dans un certain nombre d'hommes à ses ordres, et changeant quelquefois ses ins- truments, jamais sa pensée, ou plutôt, comme un géné- ral habile, employant, selon les besoins de la circonstance, tantôt son aile droite, tantôt son aile gauche à envelop- per la liberté et à cerner la Révolution?

Nous avons donc dit : Combattons le *système*, non pas dans un seul de ses ministres, mais dans tous ceux qu'il a employés ou qu'il emploiera; ne laissons plus prendre l'Opposition à ce jeu ridicule, qui consiste à lui présenter tour-à-tour le ministre renvoyé pour combattre à armes émoulues les ministres en pied, à soutirer ainsi à l'Opposition toute son énergie et toute son individualité puissante, comme on soutire l'électricité au nuage, en lui présentant la flèche et le fil conducteur qui mènent la foudre dans le souterrain. Car c'est ainsi que, depuis dix ans, l'énergie de l'Opposition, qu'on dénature par des alliances suspectes, va se perdre dans les bas-fonds de l'intrigue, ou mourir sans résultat sous les pieds du *système*. Pendant six mois la France entière a applaudi à ce langage; la presse entière s'y est associée. Les organes du gouvernement ont tremblé et ont dénoncé cette manœuvre décisive, conseillée par nous à l'Opposition, comme une tentative révolutionnaire, — très révolutionnaire en effet, car si l'Opposition avait suivi nos conseils énergiques, le *système*, repoussé dans toutes ses incarnations ministérielles, se trouvait face à face avec le pays, obligé de se révolter ou de lui obéir. Le *système* est habile, prudent, sage, expérimenté en révolutions; il sait que les coups d'État emportent les trônes; il tient au trône par sentiment comme par principe; il n'aurait point fait de coups d'État, il aurait pris conseil des circonstances, il aurait cédé au temps; il aurait serré la main au vainqueur, et l'Opposition sérieuse serait entrée aux affaires avec ses hommes à elle, et avec les idées et les intérêts du pays. Elle aurait gouverné non pas dans le sens du trouble et de l'anarchie, mais dans le sens de la révolution organisée. La dynastie se fût un peu effacée pour laisser agir et grandir le pays constitutionnel; les fautes énormes, commises en diplomatie par le *système*, auraient été lentement et successivement réparées. La France eût repris sa liberté de respirer au dedans et au dehors. L'Europe eût compté avec un pouvoir qui respectait le trône sans doute, mais qui ne tremblait pas tous les matins sur son exis-

tence. Ce pouvoir aurait compris que ce n'était pas au
dehors, que c'était en France que ce trône devait trou-
ver son aplomb. Voilà toute la révolution qui aurait eu
lieu ; elle n'aurait écarté que deux ou trois hommes du
banc des ministres, et mis dans le conseil une volonté à la
place d'une autre. Quels sont donc les bons citoyens
qu'une pareille révolution eût affligés ? Quelques trem-
bleurs monarchiques, qui subissent la liberté, mais qui
ne l'aiment pas, qui professent tout haut le symbole
du régime représentatif, mais qui balbutient tout bas le
dogme de la volonté unique, de l'impérialisme recrépi,
et de l'absolutisme masqué ? Est-ce donc un si grand malheur d'affliger ces hommes ? Est-ce que depuis cinquante
ans ils ne pleurent pas sur cette pauvre monarchie?
Est-ce que le monde en a moins marché ? Est-ce que
la France en a moins grandi ? Ce sont les traînards de
la liberté. Ce ne sont pas eux qui gagnent ses batailles,
ce sont eux qui pillent les camps et qui se partagent les
dépouilles. Ils auraient passé avec la victoire, comme toujours, du côté de l'Opposition.

Oui, voilà ce que nous conseillions de toutes nos for-
ces, dans notre sphère étroite de publicité, à l'Opposition. L'Opposition ne l'a pas voulu. Nous le regret-
tons moins pour nous et pour elle que pour notre pays.
Nous nous lavons les mains de sa faute. Nous la déplorons,
mais nous n'atténuerons pas pour cela l'Opposition. On
doit de la patience aux partis et des égards aux intentions. Nous comprenons ses motifs sans les approuver ;
les chefs consciencieux de la gauche se sont dit : « Nous
sommes faibles en nombre ; voilà des hommes éconduits
du ministère qui viennent à nous avec du talent, de l'audace, du ressentiment et du nombre ; recevons-les et
pactisons de nouveau avec eux, ils nous aideront à vain-
cre, et avec eux nous entrerons et nous ferons entrer
l'Opposition aux affaires. » Ils ont oublié de se dire une
seule chose : c'est qu'avec ces alliés ils ne seraient plus
l'Opposition. C'est que, qui dit pacte, dit transaction sur
les principes ; c'est que toute transaction sur les principes est une concession à un principe contraire ; c'est

qu'un parti dénaturé n'est plus un parti. Ainsi, par exemple, comment l'Opposition, entrée aux affaires avec le ministre des fortifications, pourrait-elle désavouer ou désarmer les fortifications? Comment l'Opposition, entrée aux affaires avec le ministre de la régence, pourrait-elle rectifier la régence? Comment l'Opposition, entrée aux affaires avec le ministre des lois de septembre, pourra-t-elle abolir les lois de septembre? Comment l'Opposition, entrée aux affaires avec le ministre qui a perdu l'affaire d'Orient, pourra-t-elle réparer les fautes d'Orient? Comment l'Opposition, entrée aux affaires avec le ministre signataire de la note du 8 octobre, pourra-t-elle accuser et relever l'attitude de la France prise par la note du 8 octobre? De deux choses l'une : ou l'Opposition ainsi alliée, et entrant ainsi aux affaires, renoncerait à toutes ses doctrines, répudierait tout son passé et accepterait la solidarité de tous les actes qu'elle a le plus flétris, et alors elle n'existerait plus que sous la forme d'un honteux désaveu d'elle-même; ou, ne voulant pas se désavouer elle-même, elle sortirait des affaires aussitôt après y être entrée ; et alors elle n'aurait servi qu'à en rouvrir une troisième fois la porte aux *alliés* qu'elle s'est donnés; ils auraient une troisième fois passé sur son corps. Apostasie ou duperie. Quels rôles! Et cependant elle n'aurait que le choix ! Et voilà pourtant la situation où on la pousse! et ce sont ses prétendus amis qui l'encouragent dans cette voie! Et que feraient de plus des traîtres? nous le demandons à la bonne foi publique.

Et cependant ce ne sont ni des traîtres, ni des hommes médiocres qui fourvoient ainsi ce grand parti de l'Opposition. Ce sont des hommes éminents, probes comme leur vie, dévoués comme leur foi, éloquents comme leur tribune. C'est leur probité même, c'est leur foi même, c'est leur talent même qui les trompe. Quand on n'a que des vertus dans le caractère, on n'est jamais séduit que par ses vertus. Ils se sacrifient à leur patriotisme. C'est admirable. Nous les honorons en les avertissant. Mais le patriotisme ne vit pas d'abnégation, il vit de fermeté.

Quant à nous, dussions-nous rester seuls, nous ne nous associerons jamais à cette tactique de nos amis. Nous ne connaissons qu'une tactique, les principes. En confondant les drapeaux on les déteint ; ce n'est pas l'harmonie qu'on produit ainsi, c'est la confusion des partis. A chacun ses hommes ! Le gouvernement, depuis 1830, en a de très éclatants, de très estimables, de très habiles. L'Opposition en a formé à sa dure école de très dignes de gouverner à leur tour leur pays et de faire prévaloir au pouvoir la politique libérale et nationale qu'ils ont éloquemment défendue. Mais c'est à la condition d'être encore au pouvoir ce qu'ils étaient dans l'Opposition de douze ans, c'est-à-dire eux-mêmes, eux seuls, eux tout entiers.

Nous comprenons mieux que personne qu'on s'allie avec le ministre de 1840 pour faire ensemble du pouvoir. Il en a les hautes et rares aptitudes, courage, impulsion, commandement. Mais nous ne comprendrons jamais qu'on soit à la fois l'homme du pouvoir et l'allié de l'Opposition. Ce sont deux rôles qui s'excluent. Un seul homme a voulu les cumuler en Angleterre, mais il y a succombé. Malgré ses remarquables talents il a laissé une mémoire confuse, et il s'est appelé *Shaftsbury*. Les ministres de 1840 sont faits pour une meilleure destinée.

— Quant au centre gauche, c'est différent. Le centre gauche, avec les hommes jeunes, intacts et neufs qui le composent, est l'allié naturel de l'Opposition. Il la fortifie sans la dénaturer. Mais le ministère de 1840 usurpe le nom et la place du centre gauche. Il n'y a pas une des mesures et des lois du ministère de 1840 que le centre gauche n'ait combattue. Quels plus rudes adversaires que MM. Dufaure, de Tocqueville et de Beaumont, les lois de septembre, les lois de fortification et les lois de régence ont-elles rencontrés dans le parlement ? Ne confondons pas les hommes dans la confusion des dénominations : les noms sont des choses.

Voilà l'opinion politique que nous avons soutenue et que nous continuerons à soutenir envers et contre tous.

Quelque petite que soit la sphère où nous sommes enten-
dus, nous n'y trahirons pas l'Opposition, même par com-
plaisance pour ses faiblesses. Nous ne sommes rien, nous
ne sommes qu'une voix dans le *gâchis*, mais cette
voix ne se taira ni ici ni ailleurs. Nous n'abaisserons
pas notre opposition jusqu'à ce pitoyable rôle, de servir
de pivot à des manœuvres, de marchepied à des am-
bitions, et de manteau à des escamotages de popularité. Ne nous décourageons donc pas pour être un
moment méconnus ; l'opinion et les faits ne tarderont
pas à nous donner raison sur ce point. La logique
est infaillible ; c'est la géométrie des idées ; quand une
ligne mène à l'absurde, ceux qui la suivent arrivent bien
vite à l'impossible. D'ici à deux ans l'Opposition aura
reconnu où on l'a conduite, elle reviendra sur ses pas et
elle sera avec nous. Elle aura, il est vrai, perdu deux
ou trois années. C'est un malheur ; mais les peuples
comptent par siècles, et le temps est pour la Révolution.

De ce dissentiment entre l'opposition de coalition et
nous, résultent quelques autres dissentiments dans la
manière d'envisager la conduite du gouvernement.
Comme les alliés de l'Opposition, c'est-à-dire le ministère de 1840, sont tous compromis par leur passé et par
leur avenir dans les actes contre-révolutionnaires accom-
plis depuis dix ans par eux au pouvoir, il s'ensuit
qu'ils sont intéressés à étouffer la discussion sur tous ces
points, et à accepter non pas seulement les faits accom-
plis, comme ils disent, mais à accepter le *système accompli*. Ainsi, parlez-leur de l'élargissement du système
électoral, ils lèvent les épaules et vous disent que toute
élection est bonne qui donne majorité à leurs amis. Pro-
posez l'adjonction des capacités et des listes du juri à l'é-
lectorat, ils écrivent qu'il faut étouffer sans bruit ces
ferments de liberté. Demandez la révision des lois de septembre, ils se récrient sur l'inutilité et sur les dangers
de donner plus d'air à la presse, et affirment que leurs
journaux sont assez libres puisqu'ils sont libres de les
vanter. Parlez d'atténuer les fortifications de Paris ou de
remettre l'armement à la loi seule, ils vous renvoient

aux calendes parlementaires. Provoquez la révision de
la loi de régence et la restitution à la nation seule du
droit inaliénable de nommer son chef dans les inter-
règnes, ils vous répondent que ce qui est fait est fait,
et que la monarchie doit avoir deux sûretés pour une.
En un mot, il n'y a pas une garantie de liberté, pas une
amélioration organique du gouvernement, pas une ex-
tension d'institution, pas une émancipation populaire,
pas un progrès constitutionnel, pas une modification
heureuse à l'ilotisme et à la misère des masses, contre
lesquels ils n'aient ou un engagement, ou une fin de
non-recevoir, ou une objection, ou un mépris. Et qu'en
résulte-t-il? C'est que tout le texte de l'Opposition se
trouve par eux réduit à un seul mot, et au mot le plus
antilibéral, le plus antipopulaire, le plus antirévolu-
tionnaire qui existe dans la langue des hommes : la
guerre. Un mot qui détache et qui repousse le plus de
l'Opposition les intérêts et la sagesse du pays : la *guerre!*
Le mot de la Barbarie au xixe siècle : la *guerre!* Si on
a eu pour plan de dépopulariser ainsi l'Opposition en
France et en Europe, on n'a pas manqué son coup. Une
Opposition qui réduit tout son texte à ce mot de *guerre*,
qui ne présente aux peuples réfléchis, occupés, indus-
trieux, que la perspective de ces grands chocs de nations dans lesquels la liberté se voile, les dictatures mi-
litaires effacent les constitutions, le travail tarit, les populations se déciment, le sang coule, l'or disparaît, les
idées se taisent, les peuples reculent et les civilisations
se brisent ; une telle Opposition décrédite l'Opposition
véritable et rejette les peuples effrayés dans le giron de
tout gouvernement, même absolu, qui leur assure au
moins la paix. Et cependant les ministres de 1840, nou-
veaux alliés de l'Opposition, ne peuvent pas avoir un
autre texte de popularité. Comme ils ont la main, par
leur passé, dans toutes les tentatives contre-révolutionnaires du système des dix ans; comme ils ne pourraient
revenir sur leurs pas sans rencontrer sous chacun de ces
pas une loi qui les accuse ou des paroles qui les engagent,
il faut bien qu'ils fassent diversion par quelque chose

d'éblouissant et de sonore à l'opinion publique, qui leur demanderait satisfaction. Cet éclat et ce bruit, ils les ont trouvés dans la *guerre;* il leur faut du tapage pour couvrir les reproches de leur conscience politique; il leur faut de l'éblouissement pour aveugler les yeux clairvoyants : ils prennent la guerre. Ils ne la prennent pas bien au sérieux ; n'ayez pas trop peur! Ils jouent seulement avec le brandon. Ils veulent que cela chauffe, et non pas que cela brûle. Leur feu n'est qu'un feu d'artifice : cela s'éteint comme cela s'allume. Si l'Europe prend ce jeu au tragique, il y a toujours un peu d'espace derrière eux pour reculer, et une petite note du 8 octobre dans le fond du portefeuille pour désavouer des bravades et accepter *l'outrage accompli!* Ce jeu leur plaît tant, qu'ils le recommencent à toute occasion. Il y a toujours en France, sous les nobles et grandes passions de la liberté et de la Révolution, un vieux levain d'impérialisme qu'on peut faire fermenter en y jetant quelques mots de fierté et quelques étincelles de gloire : on les y jette. La France est héroïque; le pays trépigne; le bruit du sabre sur ses pavés lui plaît ; un frisson de sa vieille gloire lui court sur le cœur. On est homme d'esprit ; on sait tout cela ; on fait sonner le talon de sa botte sur le parquet de la tribune; on fait vibrer avec talent quelques notes de ce clavier populaire; on s'empanache d'impérialisme ; le peuple aime à voir passer ce brillant souvenir, et il suit un moment le cortège : puis il s'aperçoit que c'est une parade, et il revient sérieux et triste au travail et à la liberté. Voilà pourtant toute l'Opposition du ministère de 1840 pendant toute une année! Quelle campagne! Pouvions-nous nous y associer? Non! Nous pouvons être des hommes un moment isolés, mais nous sommes des hommes sérieux. Nous ne jouons pas de parade devant le peuple : nous le respectons trop pour l'amuser. Loin de là, nous lui osons dire la vérité utile, même quand cette vérité n'est pas de son goût pour la semaine.

Ainsi nous n'avons pas chanté trois mois de *Marseillaise*, demandé des levées en masse, et ébranlé les piliers de la tribune, à propos de je ne sais quelle querelle de sacristie plus que de politique, entre un missionnaire méthodiste et quelques missionnaires catholiques soutenus, à tort ou à droit, par un officier français, à quelques mille lieues de la France, dans un ilot imperceptible, au fond de l'Océan. Nous n'avons pas été chercher si loin et si bas là pierre d'achoppement mille fois maudite qui doit faire trébucher la paix du monde et teindre une mer de sauvages de sang européen. Ce n'est pas sur ce misérable écueil que doit échouer la paix de l'Europe, si jamais elle doit se briser en effet. Il y a de plus nobles causes sur le Rhin, et de plus dignes proies à se disputer aux bords de la Méditerranée. Les Romains y dépeçaient des empires. Notre politique tapageuse s'acharne sur un rocher que l'Angleterre ne daigne pas même lui disputer. Vous n'avez pas voulu de la guerre quand elle était à vos portes pour une grande cause, en Orient, et vous allez la chercher à Taïti. Pourquoi? parce que vous savez bien qu'elle n'y est pas !

Ainsi encore, quand le roi est allé rendre en Angleterre sa visite à une jeune reine qui était venue l'année dernière lui présenter des gages de bonne harmonie, et effacer sous ses pas les mauvais souvenirs du traité du onze juillet, nous n'avons point accusé le ministère de laisser rendre une politesse royale au roi du peuple le plus poli de l'univers ; ni accusé le roi d'aplanir ainsi autant qu'il était en lui la route épineuse où la diplomatie a trop souvent à se heurter. Sans doute nous avons trouvé que la pendule du cabinet des Tuileries avançait de quelques semaines ; nous aurions préféré que ce voyage symptomatique fût retardé d'un mois ou deux ; nous avons blâmé le ministère de n'avoir pas heroïquement et complètement achevé l'affaire de Maroc, et obtenu, envers et contre l'Angleterre, des réparations, des garanties et des frais de guerre, avant de laisser le roi s'embarquer ; mais ce blâme tout ministériel ne nous a point rendus malveillants à cette rencontre de deux souverains représentant les hautes sympathies de deux grands peuples, et faisant fraterniser l'esprit des deux nations pardessus les rivalités des deux gouvernements. Nous sommes philosophes avant d'être politiques; ou plutôt notre politique n'est que la philosophie de l'humanité. Nous n'avons pas épluché des paroles de paix mutuelles pour y chercher des susceptibilités, des haines, ou des pièges : n'y en a-t-il pas assez entre les nations ? Nous avons applaudi franchement, sinon à toutes les expressions, du moins au sens général des discours du roi en Angleterre. Nous nous sommes placés, pour les juger, un peu plus loin que le jour, un peu plus haut que l'esprit du parti; au point de vue de l'avenir, c'est-à-dire au point de vue où les choses sont ce qu'elles sont ; de là ce rôle d'un roi pacifique se faisant avec quelque audace le drapeau de l'union entre les peuples pardessus les préjugés internationaux, et employant la voix de la France à proclamer le dogme de la concorde. Ce rôle nous a paru non pas timide, mais nouveau et hardi, car il est plus difficile de faire accepter la raison que la gloire à la nation française. Non, il ne nous a point paru honteux à un souverain de se servir du trône comme du point le plus élevé entre les peuples, pour y proclamer, appuyé sur trente millions de citoyens armés, le désir de l'harmonie européenne, le vœu de la paix durable et le dogme du respect pour le sang humain et du bonheur des nations; un roi dans ce rôle s'élève à la hauteur d'un philosophe. Nous ne faisons point d'opposition à la philosophie, même quand elle s'incarne par hasard ou par bonheur dans la personne d'un roi.

Dans tout le reste nous avons soutenu à peu près les mêmes thèses que l'Opposition. Il n'y a qu'une différence entre nous : c'est que nous n'attendons pas mieux du ministère qu'elle prépare et qu'elle couve, que du ministère qu'elle attaque. La cause de la liberté cherchant son vengeur dans le ministre des lois de septembre, et la cause de la dignité nationale personnifiée dans le ministre de 1840, et remise dans la main qui a rappelé la flotte et signé la note du 8 octobre ! cela nous paraît quelquefois pousser la plaisanterie trop loin, et affronter un peu insolemment le bon sens du pays. Mais enfin, si le pays le souffre, et si cela amuse l'Opposition, nous n'avons rien à

dire. Dans une comédie on prend tous les rôles. Il y a
de la comédie dans nos affaires. Nous avons le tort de
prendre la liberté, la révolution et la grandeur de notre
nation au sérieux. C'est un tort, mais c'est un tort que
l'histoire partagera avec nous. Ne nous en plaignons pas
trop.

—Quant à la tendance générale de la rédaction, un seul
mot à dire, mais il est utile. On s'est trompé sur les intentions du Journal en matière religieuse. La loyauté des
intentions des rédacteurs devrait être une réponse
suffisante aux scrupules d'une partie du public. Avons-
nous besoin de déclarer une seconde fois très haut la
pensée des fondateurs de ce Journal? Cette pensée, la
voici :

La politique n'est que le corps des sociétés humaines ;
les religions en sont l'ame. Flétrir le sentiment religieux
dans l'humanité, c'est le viol de l'ame; décréditer ce sentiment dans les masses, c'est les dégrader au-dessous de
l'esclave, qui a un maître sur la terre, mais qui a, du
moins, un Dieu dans ses pensées : c'est livrer le peuple,
sans consolateur et sans vengeur, à la profanation et à la
servitude sous tous ses tyrans. Il n'y a donc qu'une politique antipopulaire qui puisse être irréligieuse. Le libé-
ralisme et la religion, c'est la même chose dans le cœur
du vrai politique; car la liberté ne puise son droit divin
que dans le ciel. Que serait O'Connell, s'il n'avait pas
Dieu derrière lui? Voilà nos doctrines ; ce sont celles de
Platon et du Christ, comme celles de Fénélon et de Mi-
rabeau. Le sentiment religieux est tout l'horizon de
l'humanité, lui seul ouvre aux sociétés comme aux indi-
vidus les perspectives de l'infini. Enlever aux hommes
cet horizon, c'est les emprisonner dans un cercle de
mouvement sans grandeur, et d'agitation sans but. Si
Dieu n'est pas au terme du chemin, à quoi bon marcher?
Ce sentiment est le seul qui soulève les masses au-dessus
de leurs misères, et les heureux au-dessus de leur
égoïsme. C'est le patriotisme de l'éternité. Nous brise-
rions notre plume, si elle avait jamais sali dans une
ame la seule idée qui donne un sens à la politique et un
but à la civilisation.

De plus, un journal politique est une tribune, ce n'est pas une chaire. Si on éprouve le besoin de formuler aux hommes un dogme nouveau, on monte sur les hauts lieux, on écrit un livre, on parle au nom de Dieu, on devient sectaire, apôtre ou martyr. C'est beau; mais ce n'est pas le rôle d'un journal politique, écrit ou pensé solidairement par une réunion de simples citoyens. Nous ne sommes, dans un journal, ni croyants, ni sceptiques, ni catholiques, ni protestants, ni gallicans, ni ultramontains : nous sommes libéraux! Notre seule profession de foi, c'est celle de la philosophie et de la Révolution : la liberté pleine et sincère des consciences. Sans celle-là, les autres libertés ne seraient que des facultés stériles, des libertés civiles et matérielles; celle-là seule est la liberté de l'ame. C'est elle seule qui établit entre les cultes la loi équitable de la concurrence, et qui laisse Dieu, la Raison où la foi rayonne librement dans les intelligences, sans que le pouvoir, persécuteur ou partial, mette la main entre l'homme et le rayon divin. Cette liberté, nous voulons la conquérir complète et pratique. Nous ne voulons pas plus de contre-révolution en religion, que nous ne voulons de contre-révolution en politique; pas plus de contre-révolution par la violence, que de contre-révolution par la connivence et la faiblesse du pouvoir. On n'enchaine pas moins la liberté avec des chaînes d'or qu'avec des chaînes de fer. Point de faux poids dans la balance où l'homme pèse culte contre culte, foi contre foi, dieu contre dieu. Que le pouvoir y mette une gêne ou une faveur, le poids est également faux. La religion doit être dans l'homme le tribut volontaire de sa pensée libre et convaincue, et non le tribut forcé du budget, frappé au coin de la loi et marqué à l'effigie de César.

— Et cette liberté, nous entendons qu'elle soit large et bienveillante pour toutes les manifestations de la piété chez les hommes. On a dit, dans une expression mystique et sublime, que la prière était la respiration de l'ame. Il faut que l'humanité respire largement. Il ne faut pas mesurer l'air à l'ame des populations!

Peut-on soupçonner des hommes qui ont nourri toujours leur politique de doctrines si élevées, de vouloir flétrir dans les autres la pensée qui les soutient eux-mêmes; de jeter le ridicule sur les convictions comme la boue sur les images; de chercher le scandale dans le temple; d'aboyer à la robe de tous les sacerdoces, et de déchirer le voile inviolable des consciences pour y découvrir les taches ou la nudité des religions? Un tel rôle est trop vieux d'un siècle; il ne convient ni au temps, ni à nous. Ce n'est plus l'heure de saper, c'est l'heure d'éclairer le sanctuaire. La religion et la liberté sont du même sang : il faut qu'elles grandissent ensemble.

Telle est la récapitulation de cette année d'existence de votre modeste journal; telle est la route que ses fondateurs lui tracent pour l'année suivante. Tout petit que soit le foyer, il a sa lueur; et il ne faut pas le laisser étouffer sous la cendre. Un temps peut venir où le pays aura besoin de rallumer son patriotisme à toutes les étincelles. Ne désespérez jamais du bon sens en France.

Les hommes superficiels se désintéressent et se découragent de la politique en voyant le gouvernement rentrer peu à peu dans l'ornière des vieilles monarchies, et y entraîner, sans beaucoup d'efforts, le pays à sa suite. Les politiques rétrogrades triomphent et disent : «Voyez, ils
« font comme nous; ils prononcent les mêmes mots; ils
« se servent des mêmes prestiges sur le peuple; ils font
« les mêmes pactes avec les mêmes vieilleries. Ils s'ap-
« pellent légitimes; ils refont des noblesses en attendant
« qu'ils puissent refaire des aristocraties; ils parodient
« des titres; ils singent des féodalités; ils jouent aux
« conquêtes; ils flattent les théocraties; ils déifient le
« vieil impérialisme; ils dédaignent la Révolution comme
« une mère qui les fait rougir et qu'ils ne reconnaissent
« plus quand on la nomme ! Les nations n'ont pas deux
« manières d'exister. La routine est la loi du monde. Ils
« peuvent changer leurs dynasties, ils ne changeront pas
« leur nature. La France voit, entend tout cela et se laisse
« faire. Nous retournons au point d'où nous sommes
« partis; et la dernière victoire de la Révolution est le

« premier pas d'une contre-révolution qui commence !
« Honte et déception aux idées libérales ! Elles sont con-
« vaincues de mensonge par ceux-là mêmes qu'elles ont
« portés au pouvoir. » Ainsi parlent les incrédules à la
liberté, et ils battent des mains à cette grande apostasie
de la Révolution.

C'est triste ; mais rassurons-nous. Ces hommes se
trompent. Le temps ne donnera pas de démenti au sang
de tant de milliers d'hommes, qui en ont arrosé les ger-
mes de la liberté du monde et des institutions populaires.
Le temps est pour la Révolution, car c'est lui qui l'a
faite. Mais voici ce qui trompe ces hommes :

Il y a dans le mouvement des choses humaines des cou-
rants et des contre-courants comme dans les grands
fleuves. Il y a des moments où les idées, comme les eaux,
semblent revenir en arrière et remonter pour ainsi dire
vers leur source. Les hommes qui sont sur le rivage et
qui contemplent ce phénomène s'y laissent tromper au
premier coup-d'œil ; ils croient voir le fleuve rebrousser
chemin. Il en est de même dans les choses politiques. On
dirait parfois que le temps reflue et que les opinions, les
idées, les faits, les religions, les institutions reviennent
au point de départ où les révolutions les avaient prises :
c'est un mirage. Cela n'est vrai que sur le bord des choses, pour un point et pour un jour ; cela s'appelle en politique une réaction. Nous sommes dans une réaction ;
mais pendant que ce mouvement rétrograde éblouit et
entraîne les irréfléchis et les faibles, le grand courant, qui
suit sa pente au plus profond de l'esprit public, continue
sourdement et silencieusement son cours, entraînant les
hommes et les choses au but que le progrès des nations
leur a une fois montré. Rien ne recule, hommes du pouvoir, excepté vos pensées ! Voilà notre situation. Les
hommes de la réaction antilibérale triomphent. Quant à
nous, nous savons que l'esprit humain coule dans un
sens opposé, que ces fausses apparences trompent les gouvernements, et qu'en suivant ces contre-courants d'un
siècle, on n'arrive pas, on échoue.

MACON. — IMPRIMERIE DE CHASSIPOLLET.

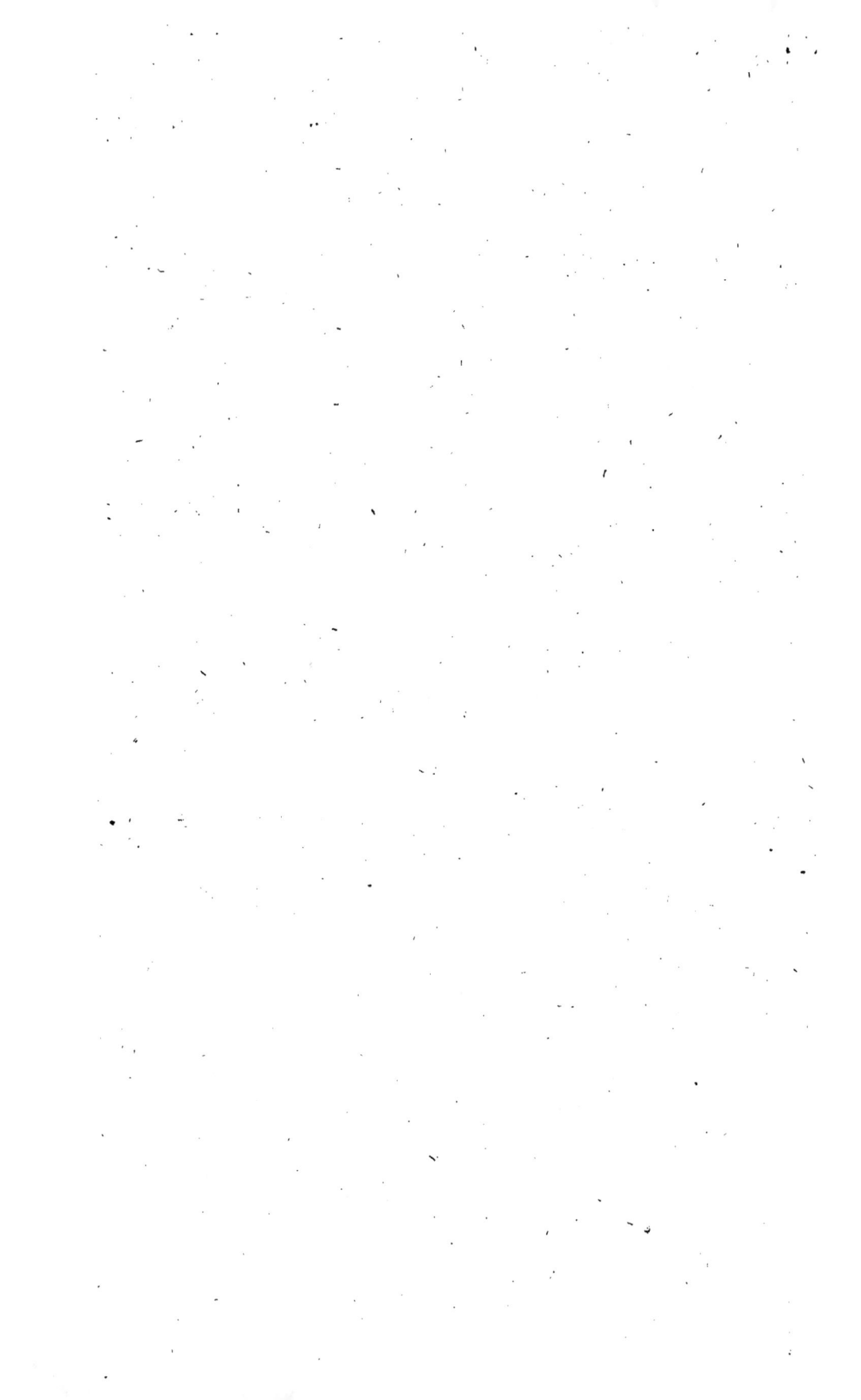

www.ingramcontent.com/pod-product-compliance
Lightning Source LLC
Chambersburg PA
CBHW060733280326
41933CB00013B/2614